CATALOGUE

D'UN CHOIX DE

GRANDS LIVRES FRANÇAIS

DE BEAUX MANUSCRITS

PROVENANT D'UNE BIBLIOTHÈQUE DE PROVINCE

Triomphante entrée de Louis XIV. = Journal des Sciences militaires. = Les ordonnances, gothique. = Expilly = Histoire du Languedoc. = Histoire de Bourgogne. = Histoire de Bretagne. = Le Père Anselme. = Redouté, les Roses et les Liliacées. = Manuscrits de Ronsselet, sur vélin, 47 et 48 miniatures.

La vente aura lieu aux enchères le mardi 5 juin 1866, à deux heures de relevée,

En l'hôtel des Commissaires-Priseurs, rue Drouot, salle n° 3, au premier,

Par le ministère de Me **DELBERGUE-CORMONT**, Commissaire-Priseur, rue de Provence, n° 8.

EXPOSITION AVANT LA VENTE

PARIS
ADOLPHE LABITTE, LIBRAIRE
QUAI MALAQUAIS, 5, PRÈS L'INSTITUT

1866

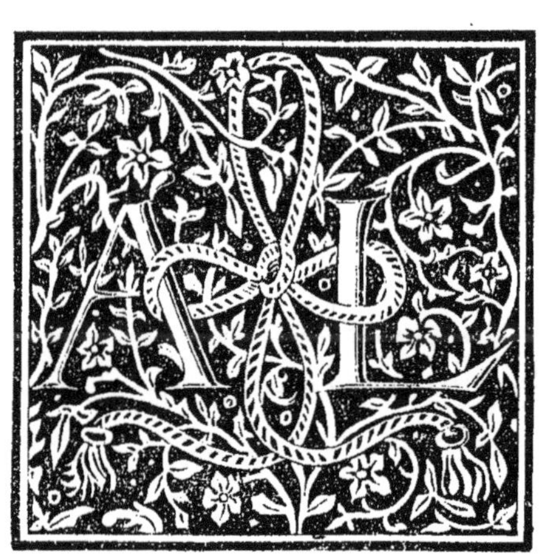

PARIS. — J. CLAYE, IMPRIMEUR, 7, RUE SAINT-BENOÎT

CATALOGUE

D'UN CHOIX DE

GRANDS LIVRES FRANÇAIS

DE BEAUX MANUSCRITS

PROVENANT D'UNE BIBLIOTHÈQUE DE PROVINCE

Triomphante entrée de Louis XIV. = Journal des Sciences militaires. = Les ordonnances, gothique. = Expilly. = Histoire du Languedoc. = Histoire de Bourgogne. = Histoire de Bretagne. = Le Père Anselme. = Redouté, les Roses et les Liliacées. = Manuscrits de Ronsselet, sur vélin, 47 et 48 miniatures.

La vente aura lieu aux enchères le mardi 5 juin 1866, à deux heures de relevée,

En l'hôtel des Commissaires-Priseurs, rue Drouot, salle n° 3, au premier,

Par le ministère de **Me DELBERGUE-CORMONT**, Commissaire-Priseur, rue de Provence, n° 8.

EXPOSITION AVANT LA VENTE

PARIS

ADOLPHE LABITTE, LIBRAIRE

QUAI MALAQUAIS, 5, PRÈS L'INSTITUT

1866

CATALOGUE

D'UN CHOIX DE

GRANDS LIVRES FRANÇAIS

ET

DE MANUSCRITS

---

1. Biblia, cum concordantiis, *impressa Lugduni, per Jacobum Mareschal*, 1527. In-fol. Goth., à 2 col. p. de tr.

   Cette édition renferme plusieurs centaines de figures sur bois.

2. Biblia sacra. *Robertus Stephanus*, 1527. In-fol. rel. *Le titre manque.*

3. Lactantii Firmiani de divinis institutionibus adversus gentes. *Impressum Venetiis*, 1478. In-fol. car. ronds, parch. *Piqûres.*

4. Augustini (S.) Opuscula plurima. *Argentinæ*, 1489. In-fol. rel. car. goth.

5. Augustinus. De civitate Dei cum commento. 1490. In-fol. goth. 2 colonnes. Lettres ornées, reliure ancienne avec fermoirs.

6. Antiquitatum variarum volumina XVII. 1512. In-fol. rel.

7. Senecæ omnia opera. *Venetiis*, 1492. In-fol. v. Lettres ornées.

8. Boetii de consolatione philosophiæ. *Lugduni*, 1489. In-4° goth. rel. *Le titre manque.*

9. Œuvres diverses du Sr Despréaux. *Paris*, *Thierry*, 1694. 2 vol. in-12, v.

Sur la garde de cet exemplaire, à la fin du 1er volume, se lit cet envoi autographe : *Pour monsieur l'abbé Bignon, de la part de son très-humble serviteur*, Despréaux.

10. Recueil de poésies de Sedaine. *Paris*, 1760. In-12, v.

Sur le titre un envoi autographe de Sedaine.

11. Sallustii historiæ. *Romæ*, 1494, In-fol. d.-rel, *Piqûres*.

12. Roberti Gaguini compendium de gestis Francorum. *Parisiis*, 1499. In-fol. vélin goth. *Le titre manque*.

13. J. Gutherii de officiis domus Augustæ. *Parisiis*, 1628. In-4° mar. *Reliure aux armes du roi et parsemée de fleurs de lys couronnées.*

14. Vallot. Hortus regius. *Parisiis*, 1665. In-fol. mar.

Exemplaire aux armes de Louis XIV, à qui le livre est dédié.

15. Symbola divina et humana Pontificum, Imperatorum, Regum, *Sadeler excudit. Pragæ*, 1601. 2 vol. in-fol., v. br. *Figures*.

16. Sébastien Leclerc. Suite de gravures, 46 planches montées. In-4° vél. vert.

17. Les plaisirs de l'île Enchantée : course de bague, comédie (par Molière), ballet, etc. *Paris*, *imp.*

Roy, 1673. In-fol. d.-rel. mar., 29 planches gravées par Israël Silvestre, Lepautre, etc.

18. Histoire de la triomphante entrée du roi Louis XIV et de la reine Marie-Thérèse, infante d'Espagne, le 26 août 1660. *Paris, Van-Merlen*, 1665. In-fol. d.-rel. 22 *planches gravées par Jean Marot. Portrait de Louis XIV et portrait de Marie-Thérèse dessiné dans le temps aux deux crayons sur papier de couleur*. Titre manuscrit.

---

19. Desmarets. Les Délices de l'Esprit, dédiés aux beaux esprits du monde, divisés en quatre parties. 1659. In-folio relié. Belles gravures (mouillé).

20. Félibien. Entretiens sur les vies et sur les ouvrages des plus excellents peintres anciens et modernes. 1666. 5 vol. in-4° rel.

21. Lenoir. Musée des Monuments français. 1800. 8 vol. in-8°, avec planches cartonnés, non rognés, bel exemplaire provenant de la Bibliothèque Héricart de Thury.

22. Reinaud. Description des Monuments musulmans du cabinet du duc de Blancas. 1828. 2 vol. in-8°. 10 pl. broch.

23. Choron. Méthodes d'harmonie. 1830. Texte et musique. 2 vol. in-8° rel.

24. École Saint-Cyr. Cours lithographiés de fortification, artillerie, topographie, chimie, géométrie descriptive, cosmographie, physique, belles-lettres, législation, administration, art militaire, langue

allemande, statique, histoire, géographie, reliés en 4 vol. in-4°, d.-bas.

25. Raynouard. Grammaire comparée des langues de l'Europe latine. 1821. Gr. in-8° relié.

26. Vict. Le Clerc. Des journaux chez les Romains. 1838. In-8° rel.

27. Abbé de La Rue. Essais historiques sur les bardes, les jongleurs, les trouvères anglo-normands. *Caen*, 1834. 3 vol. gr. in-8° cart. (Exemplaire *grand papier*, non coupé, ni rogné).

28. Luzarches. Adam, drame anglo-normand du XIIe siècle. *Tours*, 1854. In-8° broch. Exempl. en grand papier vélin,

29. Almanach des Muses. 1765 à 1812. Bro. 1771 et 1812 rel. 49 vol in-18.

30. D'Herbelot. Bibliothèque orientale ou Dictionnaire universel, contenant tout ce qui fait connaître les peuples de l'Orient. Nouv. édit., par D***. 1781. 6 vol. in-8° rel.

31. L'Afrique de Marmol, de la traduction de N. Perrot sieur d'Ablancourt, enrichie de cartes géographiques de M. Sanson, revue et retouchée par P. R. A. 1667. 3 vol. in-4° rel.

32. Mandet. Guerres civiles dans le Velay. 1840. In-8° br.

33. Mandet. L'ancien Velay : histoire, archéologie, topographie, mœurs. *Moulins*, 1846. Grand in-folio broché. *Titre rouge et noir.*

34. Desroches (abbé). Histoire du Mont-Saint-Michel

et du diocèse d'*Avranches*, 1839. 2 vol. in-8°, atlas br.

35. Mémoires de l'Institut. Académie des sciences morales et politiques. 2e série, tomes I à X (1837-1860). — Académie des sciences morales et politiques. Savants étrangers, tomes I et II (1841-1847). 2 vol., en tout 12 vol. in-4° brochés neufs.

36. Mémoires de l'Institut. Académie des sciences, tomes I, IX, XVIII, XXI, XXIII. *Savants étrangers*, tomes I, II, VI. 8 vol. in-4° pl. br.

37. Journal des sciences militaires, des armées de terre et de mer. *Paris, Corréard.*

1re Série. 1825 à 1829. 16 vol. brochés.

2e Série. 1834, tome V, à 1835, tome X. 6 vol.
1839, tomes XXV à XXVIII. 4 vol.

3e Série. 1840 à 1845. 24 vol. in-8 cart.
1846, tome XXV à XXVIII. 4 vol. in-8 br.
et quelques numéros séparés.

38. Le Palamède, revue des échecs. Années 1845, 1846, 1847. — *La Régence*, journal des échecs, 1849-1850 (manque n° de septembre 1850).

---

39. Mornacii in libros digestorum et codicis observationes. *Parisiis*, 1616. 2 vol. in-fol., rel. en bois.

40. Les Lois ecclésiastiques de France dans leur ordre naturel, par Louis de Héricourt. *Paris*, 1756. In-fol., rel.

41. Coutume du bailliage de Troyes. 1715. In-fol., v. br.

42. Les coutumes du pays et duché de Nivernois. *Paris, L'Angelier*. In-4°, d.-rel.

Titre doublé.

43. Collection de décisions nouvelles, par Denisart. *Paris*, 1785. 10 vol. in-4°.

44. Traité de l'administration de la justice, par Jousse. *Paris*, 1771. 2 vol. in-4°, v.

45. La Procédure civile du Châtelet de Paris, par Pigeau. *Paris*, 1779. 2 vol. in-4°, v.

46. Œuvres de Pothier. 27 vol. in-12.

Contrats aléatoires, contrats de mariage, des communautés, des obligations, etc.

47. Traité des réparations et reconstructions des églises, par Piales. *Paris*, 1762. 4 vol. in-12, v.

48. **Les ordonnances** et statuts royaux faicts par les T. C. Roys de France... comme on pourra voir en ce présent titre, appelé le *Guidon de tous practiciens*, avec la table alphabétique, *imprimé à Paris pour Gaillot Du Pré*, 1516. In-4°, goth., *avec la marque de Gailliot Du Pré.*

Bel exemplaire d'un livre très-râre, il est rempli de témoins. Exemplaire très-complet.

49. Du Système pénitentiaire en Europe et aux États-Unis, par Ch. Lucas. *Paris, Bossange*, 1828. 3 vol. in-8°, br.

50. Histoire des Juifs par Flavius Joseph, trad. par Arnauld d'Andilly. *Amst.*, 1700. In-fol., v, *Nombreuses figures.*

51. De Maria-Magdalena et triduo Christi disceptatio ad Franc. Molinœum. *Parisiis, H. Steph*, 1517. In-4°, car. r. 50 ff.

52. Expilly (l'abbé). Dictionnaire des Gaules et de la France. *Paris*, 1762. 6 vol. in-fol., v.

53. L'Histoire de France, par Bernard de Girard, seigneur du Haillan. *Paris*, 1576. In-fol., v.

54. Les grandes Annales et Histoire générale de France, par F. de Belleforest. *Paris*, 1579. 2 vol. gr. in-fol., v.

55. Inventaire général de l'Histoire de France, par Jean de Serres. *Paris*, 1636. In-fol., v.

56. Abrégé chronologique de l'histoire de France, par Mézeray. *Paris*, 1668. 3 vol. in-4°, v. *Portraits.*

57. Quel fut l'état des personnes en France sous la première et la seconde race, par l'abbé de Gourcy. *Paris*, 1769. In-12, v. b.

58. Histoire générale de Provence, par Papon. *Paris*, 1777. 3 vol. in-4°, v.

59. Histoire d'Artois jusqu'à Hugues Capet, par Dom Devienne. 1784. 5 vol. in-8°, br.

60. Histoire générale de Languedoc, par deux religieux bénédictins (Dom de Vic et Dom Vaissette). *Paris*, 1730-45. 5 vol. in-fol., v. m.

61. Histoire généalogique des Sires de Salins au comté de Bourgogne, par Guillaume. *Besançon*, 1757. 2 vol. in-4°, v. m.

62. Mémoires pour servir à l'histoire de France et de Bourgogne, contenant un journal de Paris, sous les

règnes de Charles VI et Charles VII. *Paris*, 1729. In-4°, v.

63. Histoire générale et particulière de Bourgogne, par un religieux bénédictin (Dom Planchet). *Dijon*, 1739-81. 4 vol. in-fol., v.

64. L'Histoire des ducs de Bourgogne, par M. de Fabert. *Cologne, Pierre Marteau* (à la Sphère), 1689. 2 parties en 1 vol. in-12, vélin.

65. Histoire ecclésiastique et civile de Bretagne, par Dom Morice, avec les preuves. *Paris*, 1750. 5 vol. in-fol., v. m.

66. D'Argentré. Commentarii in consuetudines Ducatus Britanniæ. *Parisiis, Nicolas Buon*, 1614. 2 vol. in-fol., v. f.

67. Nouveau dénombrement du royaume, par généralitez, élections, paroisses et feux. *Paris*, 1720. 2 parties en 1 vol. in-4°. *Cartes.*

Ouvrage recherché.

68. Les conquestes et les trophées des Norman-Français aux royaumes de Naples, aux duchés de Calabre, d'Antioche, de Galilée, etc., par Gabriel Du Moulin. *Rouen*, 1658. In-fol., vélin.

Bel exemplaire d'un livre rare.

69. L'Histoire ecclésiastique du Pays-Bas, contenant l'ordre et la suite des évesques, et un catalogue des saints, par Guill. Gazit. *Valenciennes*, 1614. In-4°, v.

Volume rare, bien conservé.

70. Comitum Tervanensium seu Ternensium annales historici, auctore Turpin Paulinate. *Duaci*, 1731. In-8°, v.

Volume rare, rempli d'armoiries.

71. Les Lauriers de Nassau, *s. d.* In-fol., v. *Figures.*

Le titre est déchiré, le volume est fatigué, il renferme des portraits et des tableaux généalogiques.

72. De Morinis et Morinorum rebus, auctore Malbranck. *Tornaci Nerviorum*, 1639. In-4°, vélin.

Rare.

73. D'Hollanderi de nobilitate liber. *Antuerpiæ*, 1621. In-4°, v.

74. Institutes féodales ou Manuel des fiefs, par Guyot. *Paris*, 1753. In-12, v.

75. Le blason des armoiries de tous les chevaliers de l'ordre de la Toison d'or, par J.-J. Chifflet, français et latin. *Anvers*, 1632. In-4°, v. *Armoiries.*

Rare, le titre latin est : *Insignia gentilitia*, etc.

76. Trésor généalogique ou extraits des titres anciens qui concernent les maisons et familles de France connues en 1400 (Tome 1er), par Dom Caffiaux. *Paris*, 1777. In-4°, v.

77. Anselme (Le P.). Histoire généalogique et chronologique de la maison de France, des pairs, des officiers de la couronne, etc. *Paris*, 1726-33. 9 vol. in-fol., cartonnés en vélin.

Exemplaire non rogné.

78. Histoire métallique de la république de Hollande. *Amst.*, 1688. 3 vol. pet. in-8°, v. br. *Nombreuses figures.*

79. Traité historique des monnaies de France, par Leblanc. *Paris*, 1690. In-4°, v. *Figures.*

80. Traité des monnaies d'or et d'argent qui circulent

chez les différents peuples, par Bonneville. *Paris*, 1806. In-fol., cart., n. rogné. *Figures*.

Bel exemplaire.

81. Miræi opera diplomatica et historica. *Bruxellis*, 1723. 4 vol. in-fol.

Excellent ouvrage devenu rare.

82. Le grand Dictionnaire historique, par Moreri. *Amst.*, 1702. 4 vol. in-fol., v.

83. Revue des Deux Mondes. *Janvier à mai* 1835. 12 numéros.

---

84. Barthélemy. Voyage du jeune Anacharsis en Grèce. *Paris, imprimerie de Didot jeune. An* VII. 7 vol. in-4°, d.-rel., v. f.

Bel exemplaire.

85. Redouté. Les Roses, décrites et classées selon leur ordre naturel, par Thory. *Paris, imprimerie de Firmin Didot*, 1817-24. 3 vol. in-fol., d.-rel. mar., v. *Figures peintes*.

Très-bel exemplaire.

86. Redouté. Les Liliacées, décrites par de Candolle. *Paris*, 1802-1816. 8 tomes en 4 vol. in-fol., d.-rel. mar., v. *Figures peintes*.

Très-bel exemplaire, portant sur le dos de la reliure le chiffre de Napoléon. Il est renfermé dans une boîte.

MANUSCRITS

87. ROUSSELET (attribué à).

Liber Epistolarum ad usum ecclesiæ parochialis ac Regiæ Versaliensis. *Impendiis societatis Rosarii*, 1725.

Précieux MANUSCRIT SUR VÉLIN composé de 27 ff. in-fol., orné en tête de chaque épître d'un tableau religieux et à la fin d'un bouquet en miniatures or et couleurs, d'une perfection et d'une finesse achevées. Le titre est entouré d'une miniature de la plus belle composition.

Les 26 peintures de ce manuscrit, d'une remarquable beauté de conservation et entourées d'ornements très-variés, sont peut-être moins admirables encore que les 21 bouquets dont aucune fleur ne se ressemble et dont l'arrangement gracieux et léger, la finesse du dessin, la vérité de couleur et de ton accusent un artiste de premier ordre et feront l'admiration des amateurs.

Outre les 26 peintures et les 21 bouquets, nous citerons encore 26 grandes lettres initiales en or et couleurs. L'écriture est parfaite d'exécution et le vélin très-beau.

Nous n'avons plus qu'à ajouter que le volume suivant est de la même taille, de la même forme et du même artiste que le précédent. Ils ont été donnés l'un et l'autre par Marie Leczinska et sont vraiment dignes de leur illustre origine.

88. **ROUSSELET** (attribué à)

Liber Evangeliorum..... *Impendiis societatis Rosarii*, 1725. In-fol.

Précieux MANUSCRIT SUR VÉLIN conforme pour quelques points généraux au précédent. Il se compose de 28 feuilles; il est orné de 26 peintures, en tête de chaque évangile, de 22 bouquets aussi variés que ceux qui ornent le volume précédent, et de 26 grandes lettres initiales en or et en couleurs.

La description de l'un des volumes convient parfaitement à l'autre, nous ne la répéterons pas, nous dirons seulement que ces deux manuscrits attribués à Rousselet ne sont pas signés ou du moins que nous n'avons pu découvrir la signature dans les ornements des peintures, les feuilles des bouquets, là, enfin, où l'artiste a pu cacher et dissimuler son nom. Quel qu'il soit, en un mot, ces manuscrits sont admirables.

Renfermés dans une boîte, ces deux manuscrits seront d'abord offerts ensemble aux enchères ; ils seront visibles chez M. Labitte, quelques jours avant la vente.

PARIS. — IMPRIMERIE DE J. CLAYE, RUE SAINT-BENOIT, 7.

CONDITIONS DE LA VENTE

Expressément au comptant, 5 % en sus des enchères.

www.ingramcontent.com/pod-product-compliance
Ingram Content Group UK Ltd.
Pitfield, Milton Keynes, MK11 3LW, UK
UKHW021926190726
13853UKWH00002B/876

9 782329 609324